Anna-Lena Abel
Dunkelfunken

Anna-Lena Abel

Dunkelfunken

Anthologie

Bibliografische Information der Deutschen Nationalbibliothek: Die Deutsche Nationalbibliothek verzeichnet diese Publikation in der Deutschen Nationalbibliografie; detaillierte bibliografische Daten sind im Internet über dnb.dnb.de abrufbar.

Herstellung und Verlag: BoD – Books on Demand, Norderstedt
Erstausgabe 2022

Impressum
Texte: © 2022 Anna-Lena Abel
Umschlag: Anna-Lena Abel

ISBN 9783756841257

Inhaltsverzeichnis

Wahrheit

Es wird niemand wissen,
dass es deine Wahrheit ist.
Aber es wird einige geben, die denken,
es wäre ihre.

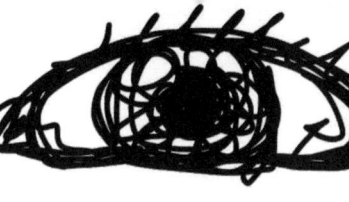

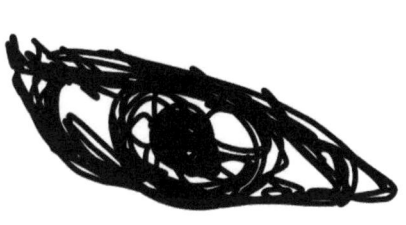

Mit offenen Augen
durch den
Sandsturm

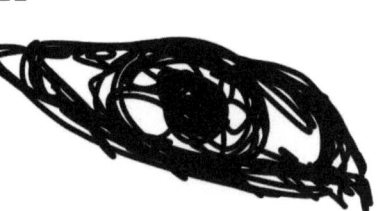

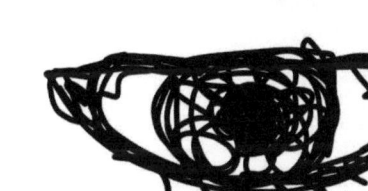

11

Der Mann da draußen

Eisiger Frost
Die Nase ist schon kalt
Die Hände wie ein Eisklotz
Sind schon schrumpelig und alt.

Fahre den Weg
Von Häuserblock
Zu Häuserblock
Mache einen Haltestopp
An jeder Tonne.

Vielleicht finde ich heute,
Eine Hand voll leerer Flaschen
Auf meinem Rad
Nur leere Taschen
Und auch im Müll finde ich nichts.

Ich ziehe weiter,
Immer weiter
Sonnenstrahlen treffen mein Gesicht
Ein kleiner Trost
Dieses wärmende Licht.

Oh, schöne Welt

Als sich die Stille laut auf meine Ohren drückt,
Dröhnend durch die Lüfte summt,
Spüre ich die Einsamkeit,
Der füllenden Leere in mir.

Wir waren mal 10 Milliarden,
10 Milliarden Menschen
Und Aberbillionen Tiere mehr.
Und jetzt stehe ich hier,
Kann die Menschen
An tausend Händen abzählen.
Beschmutzt mit Blut.
Leid an sich haftend.
Wir haben uns selbst zerstört
Und alles um uns herum.

Das Zwitschern eines Vogels dringt zu mir durch
Fröhlich, lieblich
Schallt es aus den Lautsprechern
Meines Schuppens.
Der Morgen bricht an
Und mit ihm ein neuer Kampf.

Es wird nie aufhören,
Gewiss nicht.
Erst wenn der Letzte von uns seiner Gier erliegt
Wird Ruhe einkehren
Und die Natur mit ihr verschmelzen.
Stürme werden sich legen, Flüsse sich bilden
Und Bäume werden wachsen.
Vielleicht könnte man dann auch wieder
Die Sterne und die Sonne sehen.
Wenn die Welt wieder zu dem wird
Wofür sie gedacht war.
Wenn aus rot und grau
wieder grün und blau wird.

Unsere Nachfahren werden es nicht erleben
Sind schon seit Generationen tot.
Karriere gegen Kind,
Macht gegen Harmonie.
Oh, schöne Welt
Gewiss vergibst du uns nie.

Schneeflocken

Wir sind einzigartig
Wie Schneeflocken,
Die auf die Erde fallen.
Manchmal zu früh,
Wenn der Boden noch zu warm ist,
Um Liegen zu bleiben
Und manchmal, da sind es noch wenige.
Man ist isoliert.
Kann keinen Anschluss zu den anderen finden.
Aber wenn man wartet,
Dann werden es mehr.
Man bildet eine Einheit
Und jeder,
Egal wann er ankam,
Egal wo er ankam,
Landet am Ende
Auf derselben Erde.

Triebhaft

Der Bass drückt gegen meine Seele
Geht unerschütterlich durch mich hindurch
Mein Herz wummert in seinem Beat
Töne quetschen sich durch meine Kehle

Ich werde eins mit der Musik
Takt um Takt
Schritt um Schritt
Erweckt sie in mir einen wilden Trieb

Am liebsten würde ich jetzt brüllen
Wie ein Tier auf der Jagd
Das sich haltlos verliert
Um sein Begehren endlich zu stillen

Doch hier jetzt zu schreien
Wäre wohl unangebracht
Drum stampfe ich auf mit schweren Schritten
Um mich des Triebes zu befreien

Wild und ungestüm
Tanze ich zu der Melodie
Lasse alles von mir fallen
Meine Masken, mein Kostüm

Blicke kollidieren mit meinem Körper
Versetzen leichte Wunden
Lassen mich glauben
Ich sei ein Gestörter

Und während ich abgesondert werde
Trippeln sie apathisch im Takt
Dieselben kleinen Schritte
In ihrer maskenhaften Herde

Maske auf

Vorhang auf für die Show!
Bitte lächeln.
Immer freundlich.
Setze die Maske auf
Und schlüpfe in die Rolle.

Vergiss wer du bist,
Wer du warst,
Deine Art und deine Weise,
Wenn du laut bist,
Dann sei leise.
Wenn du nichts weißt,
Tue so, als wärst du weise.

Blicke treffen dich.
Augenpaar um Augenpaar
Alle nehmen dich wahr.
Jeder sieht dich,
Hört dich,
Urteilt über dich
Und nur du allein
Bist für alle wichtig.

Maske auf!
Vielleicht erkennen sie die Wahrheit,
Den Dreck, die Risse,
Die Angst und Trauer
Ein Souvenir der Vergangenheit
Ein Parasit
Der dich prägt.

Du bist gefangen in der Rolle
Und nur dein Zimmer
Ist das Lösemittel
Für die Maske.
Du reißt sie ab
Erlösender Schmerz
All dieser Schein und Glimmer
Entspricht nicht
Deinem Herz.

Tränen rollen,
Wahrheit kollidiert,
Du bist kein Teil der Gruppe mehr
Du bist dissidiert.

Du warst nicht überzeugend genug
Dein Lächeln,
Deine Augen,
Niemand konnte dir die Rolle glauben.
Kein Applaus, keine Blumen,
Kein Ruhm
Und hier sitzt du nun
Ohne Maske,
Nackt.

Seine Worte

Er war drei Mal so alt wie ich,
Trotzdem dachte er sich,
Er kann über meinen Körper urteilen,
Kann mit seinen Blicken verweilen
Und seine Sprüche verteilen.
Er fasste mich mit seinen Worten an
Nicht bewusst
Was er mit dem, was er sagt,
Bei mir anrichten kann.

Dieser kleine braune Bär

Ich liege hier und starre
In diesen endlos langen Raum.
Vor ein paar Jahren
Habe ich ihn weiß gestrichen,
So wie die meisten Frauen.
Nur die wichtigsten Dinge
Sind in meinem Zimmer:
Ein Tisch, ein Bett,
Ein Ratgeber über Ernährung,
Sie nannten es Bekehrung,
Diese Entbehrung
Aller Dinge
Soll gut sein für den Geist.
Nur noch den kleinen Schlüssel habe ich,
Eigentlich sinnlos,
Denke ich.
Er führt zu meinem Speicher.
Dort oben liegt mein Bär.
Als Kind mein bester Freund,
Jetzt ist er nur noch nutzlos,
Nicht viel mehr.

Was kann er mir schon geben?
Sitzt ja nur stumm rum.
Den starren Blick nach vorne
Und manchmal fällt er um.
Was kann schon dieser Bär?
Er hört mir ja nur zu.
Er kann nicht mal reden.
Ich habe ihn behalten,
Doch wozu?
Als Kind war er mir wichtig,
Hatte niemanden sonst.,
Nur wir gegen den Rest der Welt
Baute mir mit ihm
Aus Decken und aus Träumen
Mein kleines Lebenszelt.
Doch nun bin ich im Leben
Auf mich allein gestellt.
Dieser kleine braune Bär
Bringt mir doch eigentlich
So gar nichts mehr.
Oder?

Fensterlicht

Ein Licht geht dort
An der Hauswand an
Und nun steht dort
Am Fenster ein Mann.
Wirft seinen Blick in die düstre Nacht,
Ist der, der über die späten Stunden wacht.
Alleine in der verschluckenden Einsamkeit
Keine Familie, keine Freunde,
Keine Liebe weit und breit.
Nur er
Und seine Kunst,
Nur er
Und seine Lieder,
Die immer wieder
Auf Dauerschleife laufen.
Erzählen von seiner Sehnsucht,
All den schönen Tagen
Und wie er begann zu saufen.
Sein Blick fällt auf die Flasche
In seiner verkrampfenden Hand,
Sein Blick schießt in die Ferne,
Die Flasche gegen die Wand.

Sein Körper sackt zum Boden,
Seine Hände umschlingen die Knie.
So einsam wie in dieser Stadt
So einsam fühlte er sich noch nie.

Gefangen

Du bist mehr als deine Bilder,
Deine Likes
Und deine Filter.
Wenn du mich anschaust,
Schaust du,
Als würdest du ein Selfie machen.
Alles nur Fassade,
Alles fake,
Selbst dein perfektes Lachen.
Ohne Anerkennung und Komplimente
Würdest du ertrinken.
Würdest in Selbstzweifel
Tief, tief, tief
Versinken.
Wer bist du,
Wenn dein Schein erlischt,
Wenn sich deine Blase
Mit der Realität vermischt?

Hülle

Ihr Gesicht war stets bedeckt
Von unzählig vielen Schichten.
Alle Unperfektheiten versteckt
Unter einer makellosen Hülle.

Mittelpunkt

Schaut mich an
Schaut mich an
Lasst uns über mich reden.
Ich brauche eure Blicke,
Brauche eure Worte,
Ich liebe diese Orte,
An denen ich
Im Mittelpunk stehen kann.

Fassade

Ihre Fassade begann zu bröckeln,
Risse bildeten sich auf ihrem Gesicht,
Tränen auf ihrer Wange,
Die Dunkelheit erfasste das Licht.

Befreiung

Ich wasche die Welt
Von meiner Haut,
Von meinem Gesicht,
Von meiner Brust,
Von meinem Bauch
Und meinen Beinen,
Fange an zu weinen
Unter all dieser Last.

Ein Morgen wie kein anderer

Es war ein Morgen wie kein anderer. Nebel sickerte aus den Fensterläden der Häuser auf die holprigen Straßen hinab. Die ersten Kutschen wurden klappernd über die stillen Straßen gezogen und die Arbeiter dieses Dorfes zogen ihre müden Bahnen in Richtung Zug.

Ich greife in den Postautomaten am Wegesrand, drücke dem Briefjungen daneben zwei Schimmer in die dreckig raue Hand und mache mich auf zum Bahnhofspark. Auf einer Bank, auf der vier Leute Platz haben könnten, setzte ich mich mittig nieder. Mein Blick liegt auf den dümpelten Enten des Teiches. Eine Entenmutter zeigt ihren Kindern alle Seiten und Vorzüge dieses Teiches, während die kleinen sich lieber damit beschäftigen einander zu picken.

Ich lege das rechte Bein auf dem linken ab, schlage raschelnd die Zeitung auf, schüttle sie glatt und blättere zu Seite sieben. Wirtschaft.

In der größten Bank dieser Stadt wurden betrugsbehaftete Dokumente gefunden. Der Chef lehnt vehement die Vorwürfe ab, doch alles spricht dafür. Alles spricht dafür, ohne Frage.

Ich schließe die Zeitung, lege sie neben mir ab und stehe auf. Die Hände in meinem Mantel vergraben, ertaste ich den Schlüssel. Seine Kälte spüre ich selbst durch meine Handschuhe hindurch. Für einen Moment schließe ich die Augen, ehe ich ihn hervorhole und dann mit einem gezielten Wurf in der Mitte des Teiches versenke. Mit einem leichten Platschen kommt er auf und versinkt. Die Enten stoben erschreckt gackernd auseinander, ehe sie neugierig zu der Stelle schwimmen. Ich atme tief ein. Ein Lächeln breitet sich für einen kurzen Augenblick auf meinem Gesicht aus, ehe ich mich umdrehe und mit großen Schritten über den knirschenden Kiesboden hin zum Bahnhof laufe, weg von dieser Stadt. Sie wird sich nun von selbst zu Grunde richten. Willkommen bin ich hier schon lange nicht mehr.

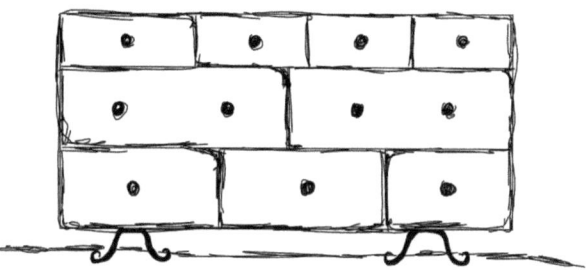

Meine eigenen Schubladen

Ich habe mir eine Kommode gebaut,
In die Schubladen anderer
Habe ich nicht gepasst.
Jetzt habe ich meine eigenen,
Für all meine Facetten.

Abgestandene
Zimmerluft

Anders

Und ich stehe hier
In diesem leeren Gang.
Warum passiert das nur mir
Und nicht einem andren Mann?
Eben wart ihr noch da,
Habt geredet und gelacht
Und einmal sogar
Habe ich mich eingebracht.
Ich stehe in der Gruppe,
Doch gehöre nicht dazu.
Fühle mich wie eine Puppe,
Das war schon immer so.
Und klar, du bist mein Freund
Und klar, du bist für mich da.
Trotzdem bin ich wie ein Hund, der streunt
Und keiner nimmt mich wahr.
Es ist ja nicht so, dass ich nicht wöllte
Ihr seid mir nicht egal,
Doch eure Themen
Interessieren mich nicht heute
Und auch nicht beim nächsten Mal.

Es ist so, wie soll ich`s sagen?
So oberflächlich, immer wieder
Brauch Menschen,
Die auch mal tiefe Themen wagen.
Das wäre mir so viel lieber.
Mich interessiert nicht euer Suff,
Eure Partys, eure Kerle.
Ihr wart letztens in ´nem Puff?
Freut mich für die Perle.
Nein ehrlich, es ist toll,
Ihr amüsiert euch jedes Wochenende
Und er war letztens so voll
Was für eine Legende.
Wisst ihr was ich gemacht habe?
Ich habe gedichtet und gelesen.
Seht ihr diese Narbe, die bekam ich als Knabe,
Ich stellte mir vor, ich sei ein Fabelwesen.
Ich bin nicht schüchtern oder introvertiert,
Geschweige denn langweilig,
Bin nur eine Person,
Die sich in ihren Gedanken verliert,
Euren Gesprächen gegenteilig.

Ich bin wie ein Fremdkörper,
Der anders denkt als ihr.
Bleibe ein Ungehörter,
Meine Wörter bleiben in mir.

Ich fühle mich einsam.
Nur manchmal.
Doch mit euch gemeinsam,
Wieder mal.

Blase

Ich bleibe gleich
Doch die Umgebung ändert sich
Und ich frage mich
Warum passe ich nicht
In eure Blase?

Wortlos

Über all die Jahre
Habt ihr mir die Worte genommen
Vermisse ihren Klang
Und wünschte
Ich könnte sie wieder bekommen

Wie ist es wohl
Wenn deine Lippen formen
Was dein Geist modelliert
Ohne dass sich der Sinn
Auf dem Weg dorthin
Verliert?

Wie ist es,
Wenn deine Angst
Nicht alles schwärzt
Oder direkt im Ursprung
Ausradiert?

Bahnen

Wie auf Bahnen
Bewegen sie sich in Kreisen
Sind dabei,
In ihren Gesprächen zu vereisen
Sie kratzen an der Oberfläche
Trauen sich nicht tiefer zu tauchen
Und ich sitze allein
In meiner stillen Tiefe
Höre ihre Worte
Ein farbloses Rauschen

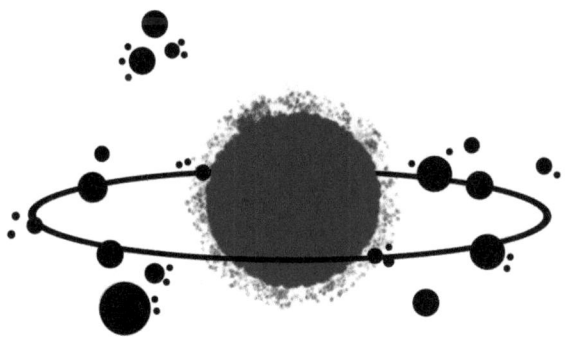

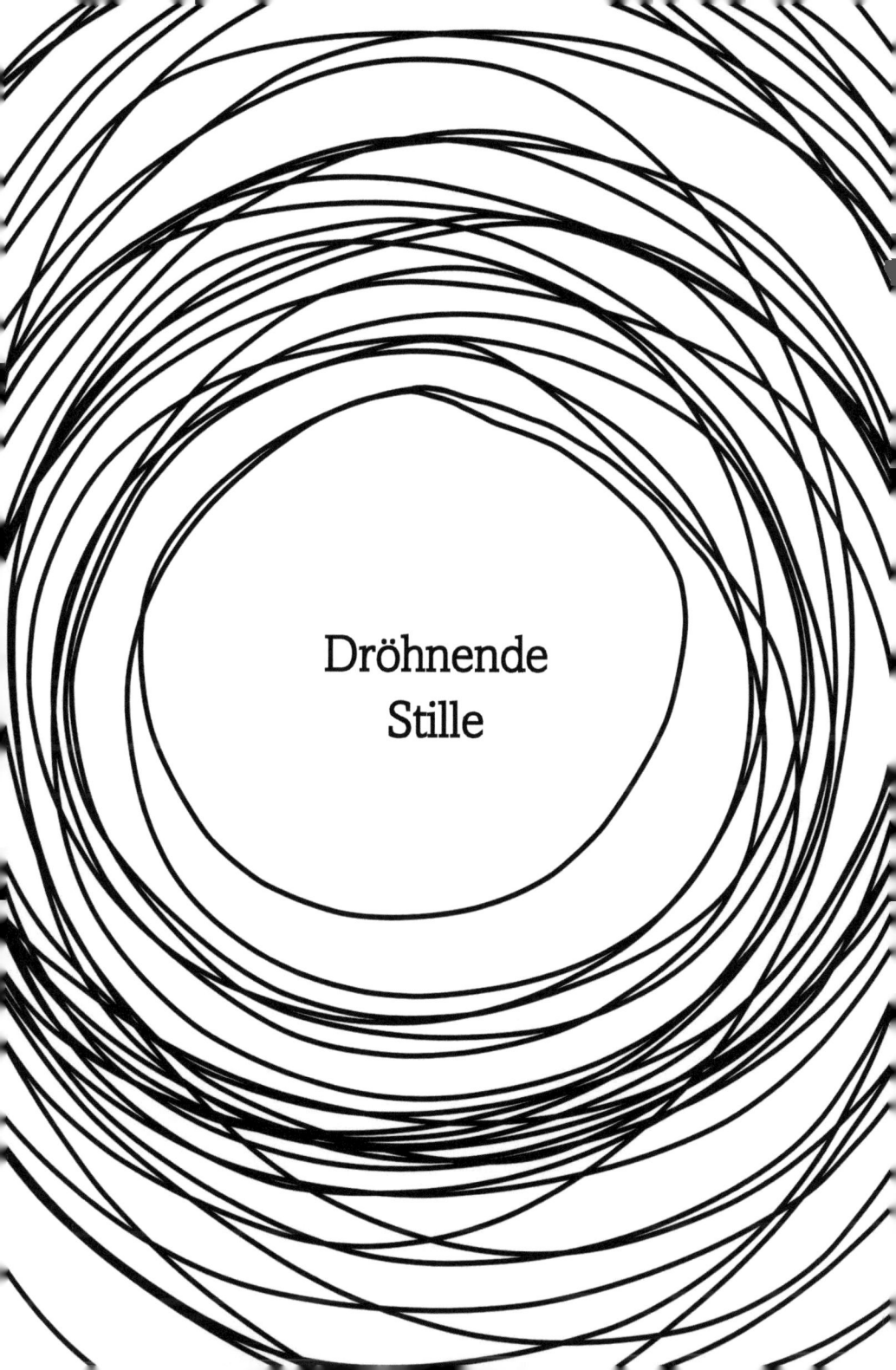

Dröhnende
Stille

Mosaik

Mein Leben ist
Leicht angerissen.
Mal hier, mal da
Leicht verschlissen.
An der Oberfläche
Nur ganz sachte,
Aber auch in der Tiefe,
Tiefer als ich dachte.
Manche sind alt,
Andere ganz frisch,
Mein Leben bildet sich
Aus einem Rissgemisch.
Doch was wäre mein Leben
Ganz glatt und seiden?
Ich denke niemand
Hat ein Leben ohne Leiden.
Wir alle sind angerissen,
Ein Knacks hier und da,
Nach jedem Riss
Ist es anders als es mal war.

Doch ich lerne mit der Zeit
Die Risse mit Gold zu füllen
Ich packe meinen Schmerz
In liebevolle Hüllen.
Mein Leben ist ein Mosaik
Mit tausend kleinen Stücken
Die sich schillernd und uneben
Zu dem meinen zusammenrücken.

Ich kann doch gar nicht schwimmen

Halt ihn!
Halt ihn!
Lass ihn nicht versinken!
Ich kann doch gar nicht schwimmen
Und werd elendig ertrinken.
Er rutscht.
Siehst du das?
Langsam, langsam
Gleitet er mir durch die Finger,
Nur noch Zentimeter
Und die Situation
Wird noch viel schlimmer.
Ein Stoß,
Ein Ruck,
Das Boot zerbricht.
Berstet, spaltet,
Dunkelheit umgibt mich.
Ich sinke,
Tiefer und tiefer
Dem verlorenen Anker entgegen.
Ich kann doch gar nicht schwimmen
Und strample um mein Leben.

Mein Daheim

Und siehst du diesen Raum,
So klein, so klein,
Dort ist mein Daheim
Oder war es mal,
Als noch alles wie beim Alten war.
Vier Köpfe unter einem Dach,
Acht Hände die sich halten,
Zwei Herzen die sich spalten
Und alles verändert sich,
Dreht sich,
Verliert sich
Und ich frage mich,
Wo bleibe ich?

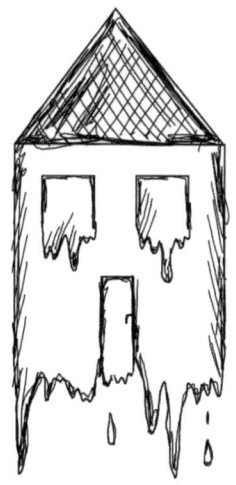

Angst

Ich habe Angst
Mich zu verlieren.
So viele Gedanken
Und Sorgen,
Im Unterbewusstsein verborgen.
Wer bin ich wirklich?
Wo will ich hin?
Gibt das, was ich mache,
Für mein Leben Sinn?
Bin im Laufrad
Der Tage gefangen.
Wird sich je was ändern?
Wenn ja, wann?
Was passiert mit meinem Körper?
Was passiert mit meinem Geist?
Ich kann kaum noch schlafen,
Meine Glücklichkeit bleibt vereist.

Bewegungslos

Und ich weiß, ich muss was ändern.
Weiß, dass es so nicht geht.
Doch der Schritt ist schwer,
Als wären meine Füße in Beton
Und wenn ich mich nicht befreie,
Versinke ich in der triefenden Tiefe
Meiner Gefühle.

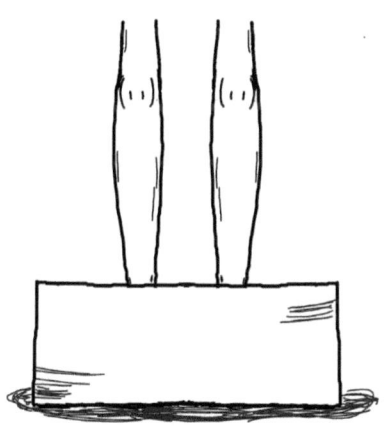

Kraftlos

Immer wieder soll ich's bleiben,
Stark und positiv,
Trotz all der Leiden.
Wie soll das gehen?
Mit welcher Kraft?
Ich habe doch nur mich
Und nicht die ganze Macht.
Schwer wiegen die Gedanken,
Drücken auf mich ein,
Versinke tief im Boden,
Kann mich irgendwer befreien?
Ich stecke hier fest
Mit meinen Gedanken
Ganz allein.

Traumweberin

Meine Traumweberin ist verschwunden,
Habe sie gesucht und nicht gefunden.
Sie ließ mich allein mit all den Träumen,
Die unsortiert durch die Gassen streunen.
Ich kann sie nicht zusammenfügen,
Sie würden mich nur mit Lügen trügen
Und jeden Morgen mit Verwirrtheit strafen.
Ich traue mich nicht mehr einzuschlafen.
Alles ist wirr und dunkel und hell,
Alles ist dumpf und seltsam und grell
Ohne sie fehlt allem der rote Faden,
Ertrinke, wenn ich versuch zu baden.
Falle, wenn ich versuch zu fliegen,
Sehe den Krieg, doch will nur Frieden.
Andere betäuben dich täglich mit Giften,
Ich genieße es in den Werken abzudriften.
Drum frage ich, warum du bist verschwunden?
Wir waren doch stets so eng verbunden.
Ohne dich zeigen die Träume Wahrheit,
Doch schmerzt nichts mehr als diese Klarheit.
Wunden zerfressen mich von innen
Und ummanteln mich wie tausend Spinnen.

Über keinem Traum liegt mehr der Nebel,
Bin ihnen ausgeliefert mit Pein und Knebel.
Ich rufe jede Nacht nach dir,
Doch trotzdem bist du noch nicht hier.
Meine Traumweberin komm doch Heim,
Lass mich nicht mit meiner Wahrheit allein.

Traumverloren

Mein Wecker klingelt störrisch auf meinem Nachttischschrank. Schon seit ein paar Minuten versuche ich ihn zu ignorieren, doch er gibt einfach nicht auf. Alles vibriert und surrt in meinem Kopf. Die Dunkelheit hinter meinen Augenliedern ist viel leichter zu ertragen als dieses blendende Sommersonnenlicht, dass mich jeden Morgen mit dieser aufgesetzten Fröhlichkeit quält. Ich schalte den Wecker aus und zwinge mich, meine Augen zu öffnen. Doch wider Erwarten blendet mich kein Sonnenlicht, sondern triefende Schwärze. Habe ich meinen Wecker auf die falsche Uhrzeit gestellt? Nein, das Handy zeigt 8:24 Uhr an. Ich setzte mich auf, reibe mir über die Augen und steige aus dem Bett.
Der Parkettboden strahlt eisige Kälte aus. Auf Zehenspitzen tipple ich zum Fenster. Dort angekommen stehe ich einer schwarzen Wand gegenüber. Ich sehe weder die Straße mit ihren Laternen noch unseren eigenen Garten. Nichts, nur Leere. Meine Hand streckt sich wie automatisch nach der Glasscheibe aus, auf der sich Tropfen meines Atems gesammelt haben.

Sie fährt über die durchsichtige Finsternis und hinterlässt einen Schauer auf meinem Rücken, der sich über Arme und Beine zieht. Doch die Scheibe verändert sich unter meinen Fingern. Sie wird weicher, gibt nach unter meinem Druck. Erst beginne ich mit meinem Daumen über die Fläche zu kreisen. Fast wie im Wahn zieht er seine schreienden Runden, ehe ich meine ganze Hand dafür nutze. Die Bewegungen werden größer und größer, mein Arm schmerzt mehr und mehr. Tränen sickern aus meinen Augen, vermischen sich mit dem Schweiß, der von meinen Schläfen rinnt. Gerade als ich darüber nachdenke aufzugeben, gibt das Glas unter meiner Hand auf. Nicht im Sinne von, dass es bricht. Nein, es ist nun so hauchdünn wie ein Haar. Wabert vor sich hin wie die Wasseroberfläche eines Teiches. Zum zweiten Mal strecke ich meine Hand danach aus, setzte sie an und versinke komplett im Nichts. Vorsichtig nehme ich auch die andere dazu, lasse sie langsam hineingleiten und betrachte mit nüchterner Verwirrtheit das Verschwinden meiner Extremitäten. Mein Körper folgt meinen Händen als würde mich etwas von der anderen Seite ziehen. Mit geöffneten Augen blicke ich der flimmernden Wand entgegen und weiß nicht, ob ich gerade dabei bin meinen Verstand zu verlieren oder ob das hier wirklich passiert. Kurz vor dem Durchbruch schließe ich dann doch die Augen, stoße mich selbst hindurch und finde mich in einer kaltweiß-getauchten Welt wieder. Ich sehe Spielsachen aus meiner Kindheit in überdimensionaler Größe. Mein Schaukelpferd, dass irgendwann auf dem Dachboden meiner Großeltern verstaubte sowie mein Bauklotz-Set, dass nie wieder das Tageslicht gesehen hat. Mir blicken die stumpfen Augen mammutbaum-großer Kuscheltiere entgegen, die drohen unter ihrer Größe umzukippen. Aus Lautsprechern schallt mein eigenes Kinderlachen, rauschende Stimmen meiner Eltern und die scheppernden schabenden Schritte meines Großvaters. Wo bin ich hier gelandet?

Erst zaghaft, dann immer schneller tragen mich meine Beine den teils steinigen, teils asphaltierten Weg entlang. An den Rändern dieser Welt versinken tausende von abgenutzten Spielsachen, Fotos und Plüschtieren in verschluckenden schwarzen Löchern. Als würde der Mittelpunkt der Erde nach meinen Erinnerungen greifen.

Meine Ohren pfeifen mit meinem Atem um die Wette, mein Herz brennt und mein Kopf dröhnt. Wie auf Polaroids blickt mir meine eigene Vergangenheit entgegen. Roboter spielen bekannte Szenen nach, die ich seit Jahren zu verdrängen und vergessen versuche. So viele Stimmen drücken auf mich ein. Ich renne und renne und renne. Mein Atem geht schwer und das Schluchzen macht es mir nicht einfacher Luft zu holen. Es lohnt sich nicht weiter zu rennen. Dieser Weg führt in die Unendlichkeit und es ist kein Ende in Aussicht. Vielleicht ist mein einziger Ausstieg aus dieser wirren Welt ein Sprung in eines der Löcher. Ich blicke mich um und sehe, wie alles zu versinken droht. Selbst die Plüschhasen und -bären, die bis zum endlosen Himmel ragten, versickern nun in der Tiefe.

Ich lasse vom Weg ab, trete nach rechts auf die Wiese, die aus grünen, roten und gelben Süßigkeiten-Verpackungen besteht und lasse mich von ihr zu dem nächstgelegenen Abgrund tragen. Meine Umgebung blende ich komplett aus und das Aufleuchten der allumfassenden Lichter blendet mich. Der Boden beginnt zu bröckeln, gibt unter meiner Last nach, so wie die Scheibe vor ein paar Minuten. Oder Stunden? Ohne weiter darüber nachzudenken, lasse ich mich nach unten hinab mitreißen. Ein eisiger Luftstrom zieht an meiner Haut und an meiner Kleidung, mein Schrei erstickt in seinem Ursprung und mein Herz tanzt für einen Moment freudig in meiner Brust. Der Boden kommt immer näher. Ich schließe meine Augen, umarme mich selbst und lasse es geschehen.

Mit einem heftigen Zucken schrecke ich aus meinem Bett in die Höhe. Mein Atem geht schwer und ich zittere schweißgebadet am ganzen Körper. Das Licht der Sommersonne strahlt mir entgegen, als würde es versuchen, mich zu wärmen. Ich setze mich an den Bettrand, ziehe mir meine Hausschuhe über und laufe in Richtung Bad. Meine Kleidung streife ich von mir ab, steige in die Dusche und lasse mich von tausenden heißen Tropfen berauschen.

Paralyse

Augen zu
Körper starr
Umgebung nehme ich wahr
Und da
Eine Bewegung auf meinem Bett
Ein Abdruck
Ein Ruck
Und das Bett dreht sich
Jemand zieht an mir
Doch ich kann mich nicht lösen
Wollte doch nur dösen
Für einen Augenblick
Und jetzt komme ich nicht zurück
In meinen Körper
Er bebt und bebt
Lebt unabhängig vom Geist
Wie im Schock zucken meine Arme
Während sie
Auf dem Laken kleben

Augen auf
Mein Atem geht schwer
Hitze in meinen Adern
Flimmern im Herz
Und da der Schmerz
In meinem Kopf

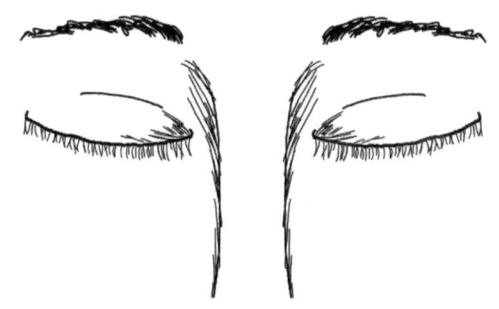

Wer bin ich?

Es ist wie ein schleichender Prozess,
Der sich erst nach und nach Blicken lässt.
Du bist anders,
Sagen sie.
Du hast dich verändert,
Sagen sie.
Und irgendwie
Stimmt das auch.
Doch ich muss nicht der bleiben,
Der ich immer wahr,
Sondern kann jemand werden,
Der ich sein will.
Nur frag ich mich:
Will ich das?
Ich weiß, wer ich bin,
Doch habe Angst zu vergessen,
Wer ich war.
Habe Angst, mich zu verlieren
In diesem Wirrwarr
Aus Fühlen und Wissen
Gedanken ausgebreitet auf meinem Kissen

Und eine Träne in meinem Auge.
Ich muss zu mir zurückfinden.
Ein großer Teil soll bleiben
Wie er war,
Doch der andere Teil kann sich ändern,
Mit Bedacht, das ist mir klar.

Selbstzweifel

Er saß da
Umschlungen in sich selbst
In die Tiefe seiner Gedanken tauchend
Verloren in der Angst
Sein Selbst könnte nur ein Trugbild sein

Verborgen

Für manche bin ich die Sonne,
Bin die Freude,
Bin das Licht,
Doch meine Sorgen
Bleiben verborgen,
Ihr seht sie nicht.
Ich wünschte ich könnt sie euch zeigen,
Meine Traurigkeit und mein Leiden,
Doch eine Stimme in mir sagt,
Du schaffst das allein,
Das macht dich nur stark.

Wrack

Ruhig liegt es am Ufer,
Vom Dreck der Zeit beschmutzt,
Ein Wrack wie es im Buche steht,
Von den Meeresstürmen an Land geweht,
In größere Einzelteile zerlegt.

Der Kompass liegt daneben,
Zeigt seit langem nur noch Westen an,
Dabei war der Käpten drauf und dran
Mit der Crew in Richtung Osten zu fahr'n.

Dieses Schiff
Hat schon so viele Stürme überlebt,
Mit seinen Leuten die Dunkelheit besiegt
Und jedes Abenteuer geliebt.

Doch nun wurde es von den Wellen gepackt.
Der Käpten hat von den Strömungen gewusst,
Doch verdrängte seit Jahren bewusst,
Dass dieser Weg führen wird
Zu seines Schiffes Verlust.

Und nun kniet er vor dem Wrack
Und fragt sich immer wieder
Warum bin ich des Meeres Krieger?
Und warum drücken mich die Wellen
Immer wieder
Nieder und nieder und nieder?

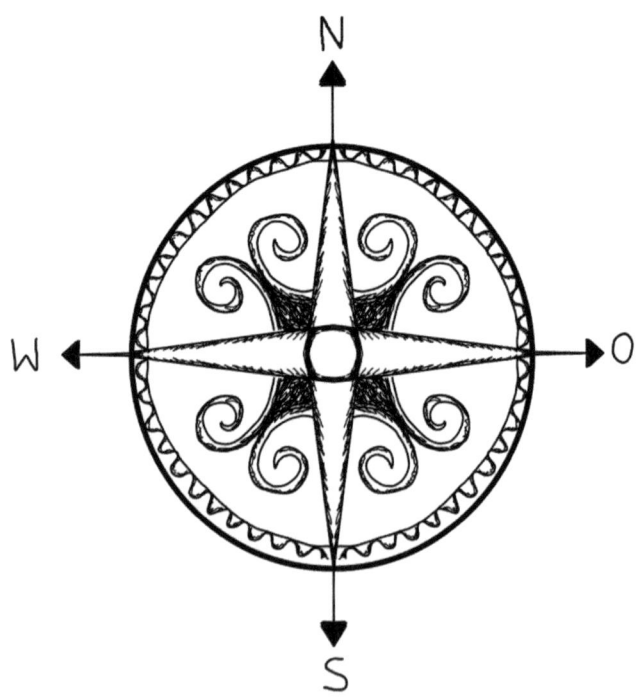

Verloren

Der Boden saugt an meiner Haut
Zieht mich zu sich herab
Mein Blick fällt auf die Decke
Weiß und kalt
Die Wände einsam und matt.

Ein Raum gefüllt mit meinem Ich
Nicht mehr
Und doch nicht genug,
Bin niemals gut genug
Nur für mich.

Denn auch wenn ich zu wissen scheine
Wer ich bin
Und was ich will,
So sind meine Gedanken
Niemals still.

Kenne meinen Weg nicht
Und wer ich wäre
Wäre da nur Leere
Ohne all die Menschen
In meinem Leben?

Thunderstorm

The lightnings are scrapes across the night
Like the veins of a thunderstorm
They shine
And announce the mightiness
Of the rolling thunder
That stretches across the sky
And swallows up all the soundlessness
In a breathtaking roar

Zu verschenken

Sie schenkte ihr Herz
An fast alle Menschen
Versuchte zu bereichern
Deren Existenzen

Sie schenkte ihr Lächeln,
Verteilte ihr Glück,
Doch selten gaben andere
Ihr das Gleiche zurück.

Dein Sein auf
meinen Lippen

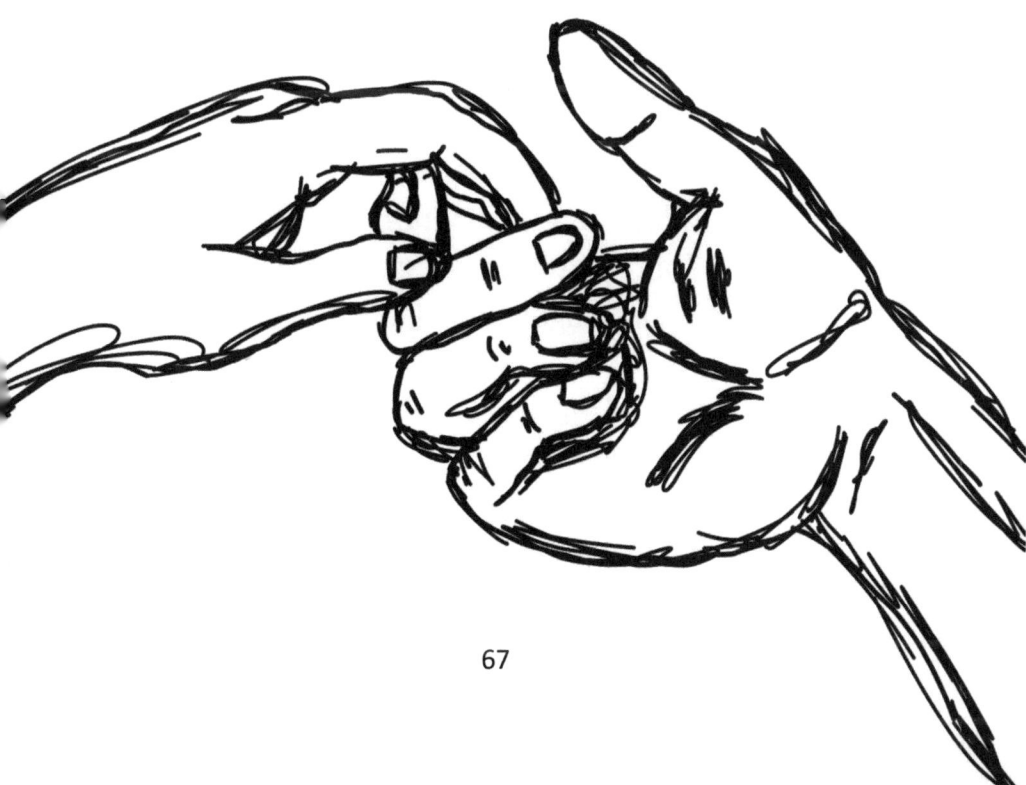

Marie

Diese Frau
Sie nennt sich Marie
So nannte sie der Mann
Der letztens hier ankam
Und ihr Lächeln mitnahm

Diese Frau
Ist seitdem oft in diesem Raum
Dabei ist sie sehr leise
Allein wie eine Waise
Dreht sie sich hoffnungslos im Kreise

Diese Frau
Kam damals nur
Wenn es hier rotorange war
Dann stand sie mir ganz nah
Die Augen funkelnd klar

Diese Frau
Ich kann es nicht nennen
Hat nun diese Traurigkeit im Auge
Wirkt wie eine Taube
Mit fehlendem Glaube

Diese Frau
Lebt schon seit Nächten
Seit Tagen hier
Zeichnet stets auf ein Papier
Was ähnelt nur mir

Diese Frau
Zeichnet Kreise
Große und kleine
Dicke und feine
Gibt ihnen Körper und Beine

Diese Frau
Ist innerlich verletzt
Ich kann es in ihr sehen
Dieses ach so große Flehen
Einfach wegzugehen

Diese Frau
Räumt nun dieses Zimmer aus
Möbelstück für Möbelstück
Mit leerem und erwartungsvollem Blick
Schaut sie zu mir zurück

Diese Frau
Hat mich in den Karton gelegt
Zu den ganzen anderen Sachen
Die ihr Freude machen
Und ihr stets brachten das Lachen

Diese Frau
Hat nun einen neuen Raum
Viel heller als der zuvor
Mit Blick auf Garten und Tor
Die Wände hoch empor

Diese Frau
Ist nun ruhiger
Lächelt ab und an
Und dann und wann
Ist da ein neuer Mann

Diese Frau
Ist nun glücklicher
Sie tanzt durch dieses Zimmer
Und lächelt fast immer
Ihre Augen gefüllt mit goldenem Schimmer

Diese Frau
Sie nennt sich Marie
So nennt sie der Mann
Der zu ihr kam
Und ihr das Lächeln wieder brang

Liebespech

Sie liebte ohne Angst,
Ohne Furcht
Und ohne Sorgen
Das Herz stets in den Augen
Ihre Sehnsucht nie verborgen.

Sie war bereit zu lieben,
Zu fühlen
Und zu teilen
Doch ihr Liebesglück wollte nie
Auf Dauer bei ihr verweilen.

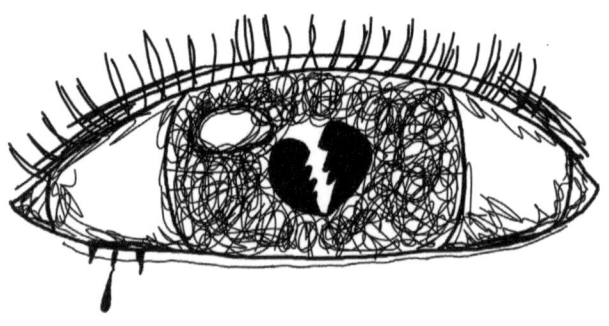

Er

Ich vermisse ihn
In meinem Herzen
Nur noch Leere
Und Gewissheitsschmerzen

Dieser Abend

Dein lodernder Blick
Erreicht mich durch die Flammen
Durchdringend sanft
Fließen unsere Seelen zusammen

Es fühlt sich so an
Als könntest du mein Innerstes verstehen
Als könntest du mit deinen Augen
Meine tiefsten Seiten sehen

Schatten legen sich tanzend
Auf dein attraktives Gesicht
Es wechselt sich sekündlich
Dunkelheit und Licht

Meine Freundin
Hat mich dir vorgestellt
Und allein dein Lächeln
Hat jede Finsternis erhellt

Es spielte Rock
Eher die sanfte Version
Aber ich habe behalten
Jeden einzelnen Ton

Wenn ich jetzt dieses Lied höre
Im Radio oder Daheim
Bekomme ich immer das Gefühl
Als könnte ich nicht ohne dich sein

Du hast meine Welt verdreht
Kann mich nicht von dir abwenden
Als läge all mein Sein
Allein in deinen Händen

Du und ich

Laute Musik
Und deine Hand in meiner
Während die Sonne
Hinter den Bergen
Am Horizont versinkt
Und der Himmel verblasst
Rosa und blau
Zwischen Nebelschwaden
Silbern grau

Dein Herz

Du stehst vor mir
Und mein Herz
Stupst mich aufgeregt
Schiebt mich dir entgegen
Schmiegt sich an das deine
Und lächelt zufrieden
Von Glück umgeben

Dualseele

Deine Seele ist ein Teil der meinen
Seit Anbeginn der Zeit
Dazu verdammt
Sich zu vereinen

Wir wandeln über die große Welt
Auf der Suche nach Vollendung
Des Gegenstücks
Was uns fehlt

Und wenn sich unsere Seelen finden
Dann werden sie sich strahlend
Und alsbald
Zur Dualseele verbinden

Du liebst nur meine Blüten

Du liebtest mich
Mit meinen Blüten
Meinen Blättern
Mit dem Strahlen
Und dem Duft
Betörend süße Luft
In der du schwebtest

Doch dann kam die Kälte
Und meine Blüten die fielen
Auf den harten, harten Boden
Zwischen all die Ritzen
Deiner Dielen

Meine Wurzeln
Die wolltest du nicht
Hast sie rausgerissen
Und mich dann ausgetauscht
Gegen eine neue
Mit schönen Blüten
Lieblich zart
Von außen betrachtet
Sind wir dieselbe Art

Doch auch sie hat Wurzeln
Du wirst schon sehen
Vielleicht hat sie das Pech
Und du lässt sie bei dir stehen

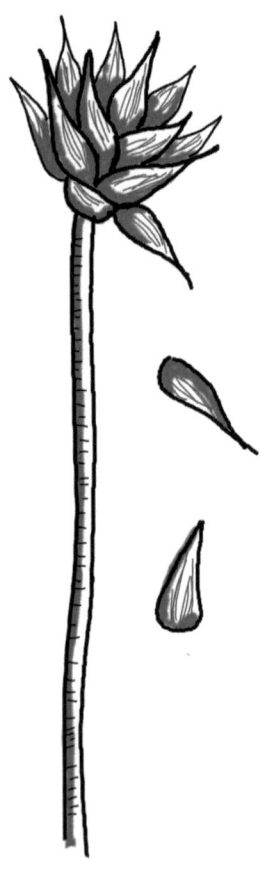

Ich war noch jung

Auf einmal stehst du vor mir
Nach all der langen Zeit
Deine Augen sind noch tränenfeucht
Und dein Blick ganz weit

Du wirkst einsam
Unter den Menschenmassen in der Stadt
So außen vor
Wirkst müde und matt

Damals war dein Leuchten heller
Fröhlicher und strahlender
Dein Blick war schneller
Und da war so viel mehr.

Was ist bloß passiert?
Wie gerne würde ich es wissen
Möchte der sein, der repariert
Mit lieblich zärtlichen Küssen

Lass mich an dich ran
Zeig mir was geschah
Und irgendwann
Wird es, wie es damals war

Ich will dir zeigen was ich fühle
Ich liebe dich noch nach all der Zeit
Trotz deiner jetzigen Kühle
Bin ich für alles bereit

Du hältst die Welt

Manchmal
Da reißt die Welt
Aus ihren Fugen
Sie kippt
Und baumelt nur
Am seidenen Faden
Der Wind stupst sie an
Spielt mit ihr
Bis er reißt
Und dann stehst du dort
Mit einem Netz
So groß
Dass auch ich noch
Darin Platz finden kann
Fängst die Welt für mich auf
Hältst sie und legst sie zurück
Sorgst für das Weltenglück

Wärmekribbeln
Freudesfunken
Durch dich bin ich ganz
Liebestrunken

Seine Lippen

Mein Körper bebt
Ich schnappe nach Luft
Es ist
Als würden seine Lippen
Mir meinen Willen
Und meinen Atem stehlen

Für dich

Von innen nach außen
Stülpe ich meine Seele
Und rolle sie vor dir aus
Zeige dir all die Feinheiten
Und Farben darauf

Siehst du dieses Glitzern
Dort ganz oben
Das ist meine Hoffnung
Ummantelt von roten Roben
Und siehst du das trübe
Grün und grau
Ganz unten unter dem dunkelblau?
Das ist meine Traurigkeit
Gespickt mit gelben Tupfern
Nicht die schönsten aller Farben
Das ist mir klar
Aber naja
So sieht sie eben aus

Viel schöner ist ein ganz anderer Teil
Er erklimmt mit seinen Farben
Den obersten Rand
Mit seinem stärksten Seil
Bildet den Seelenkragen
Hier vermischt sich das orange zum rot
Wie ein Sonnenaufgang
Bildet es meine Kraft und meinen Mut
Leicht erschöpft nach all der Zeit
An so manchen Stellen schon verblasst
Doch strahlt es heller als je zuvor

Viel größer ist jedoch
Meine Seelenmitte
Sie lächelt dich an
Siehst du das
Diese strahlend weiße Lippe
Ganz außen sind die Farbnuancen
Alles was du dir vorstellen kannst
Von blau zu rot zu grün zu blau
Die genaue Farbe
Erkenne ich nicht genau.
Das ist meine Liebe.

Sie glitzert und schimmert
Sie lächelt und wimmert
Sie erstrahlt und verblasst
Ist individuell und angepasst
Diese Liebe ist so einzigartig
Ich kann sie nicht in Worte fassen
Und trotzdem versuche ich es immer wieder
Knie mich vor ihr nieder
Und hebe sie in den Himmel hinauf

Du sagtest mal
Ich weiß, dass du mich liebst
Doch zeig mir lieber wie
Und jetzt siehst du sie
Diese Liebe
Am hellsten strahlt sie
Mit dir in meiner Nähe
Siehst du das, wenn ich von dir weg
Und dir entgegen gehe
Sie wechselt ihre Nuancen
Und das hast allein du
mit meiner Seele gemacht
Du lässt züngeln
Wie ein kleines Feuer
Dass zu einem wärmenden Inferno entfacht

Sie

Ihr Tiefe zog mich an
Ihre Augen verführten mich
Ich war in ihrem Bann
Nicht mal mein Herz rührte sich

Leise Liebe

Ich liebe ihn nicht laut
Sondern sanft und leise
Auf meine eigene Art und Weise

Hab gedacht es wäre falsch
So zu fühlen und zu lieben
Doch am Ende
Konnte die Liebe siegen

Du

Es gibt Menschen,
Die mit einem Lächeln,
Einer Umarmung
Und einem Blick
Die ganze Welt retten können.

Du bist einer von diesen Menschen.

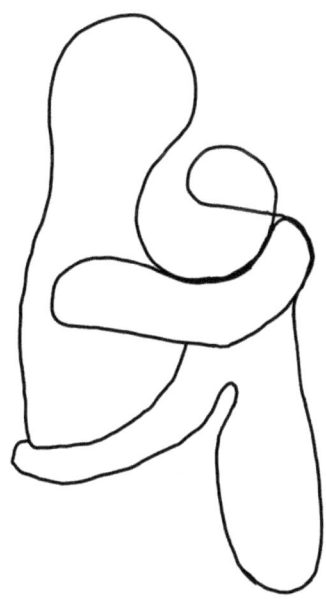

Erzähl mir von dir

Erzähl mir von deinem Leben
Erzähl mir, was du willst erleben
Erzähl mir von deinen Sorgen
Und deinen Träumen tief verborgen

Möchte wissen, was dich aus macht
Was dich wach hält in jeder Nacht
Wonach du dich sehnst an jedem Tag
Und welche Angst immer wieder an dir nagt

Zeige mir dein wahres Ich
Deine Dunkelheit und auch dein Licht
Zeige mir dein Gold und Grau
Deine Augen in jeder Facette von blau

Durch deine Augen

Mein Körper ist mein Heiligtum,
Mein Tempel,
Mein Schloss,
Mein Erfolg und Ruhm

Ich schaue mich im Spiegel an
Sehe den drahtig schlanken jungen Mann
Sehe die Zweifel, die Angst und die Sorgen
Mein Selbstwert ist eigentlich
Noch tief verborgen

Ich wünschte
Ich könnte mich lieben
So wie ich jetzt bin
War der Weg doch so schwer
Bis hierhin

Doch ich kann es nicht
Wüsste auch nicht wie
Mich mit strahlenden Augen sehen
Das kann nur sie

Die Worte der anderen
Rauschen an mir vorbei
Ziehen an mir vorüber
Doch ihre machen mich high

Ich lächle und strahle
Ich sehe mich und prahle
Mit ihr habe ich die einzigen Male
In denen ich mich selbst lieben kann
Sie macht aus mir
Einen anderen Mann.

In Gedanken bei ihr

Sanft prasselt der Regen gegen meine Scheibe. Der Dampf meiner Teetasse setzt sich an ihr ab und ich blicke in die wolkenverhangene Ferne. Mein Herz ist schwer, sehnt sich nach ihrer Nähe, nach dem Gefühl von ihrer Wärme umgeben zu sein. In diesem Moment bleibt mir nicht mehr als die wärmende Tasse in meinen Händen und die salzigen Tränen auf meiner Wange.

Seit sie fort ist, habe ich niemanden getroffen, der so ist wie sie. So voller Lebensfreude, Glück und Zufriedenheit. Wir tanzten über die staubigen Straßen, rannten um die Wette und küssten uns, als würde unser Leben davon abhängen. Aber genau das hat es. Ohne sie fehlt meinem der Wert, ist leer, zerbrochen, still und schwer. Was würde ich darum geben noch einmal mit dem Daumen über ihre Grübchen zu fahren, noch einmal durch ihr Haar zu streichen und noch einmal ihr Lachen zu hören. Gott, ihr Lachen. Himmlische Verführung. Aber ich ließ sie gehen und ich würde es jedes Mal genauso machen. Denn zu lieben, heißt auch loszulassen.

Sie musste sich auf ihre Reise begeben und ich werde mich auf die Suche machen, um den Weg für meine eigene noch zu finden.

Umhüllt von Licht
und Wärme

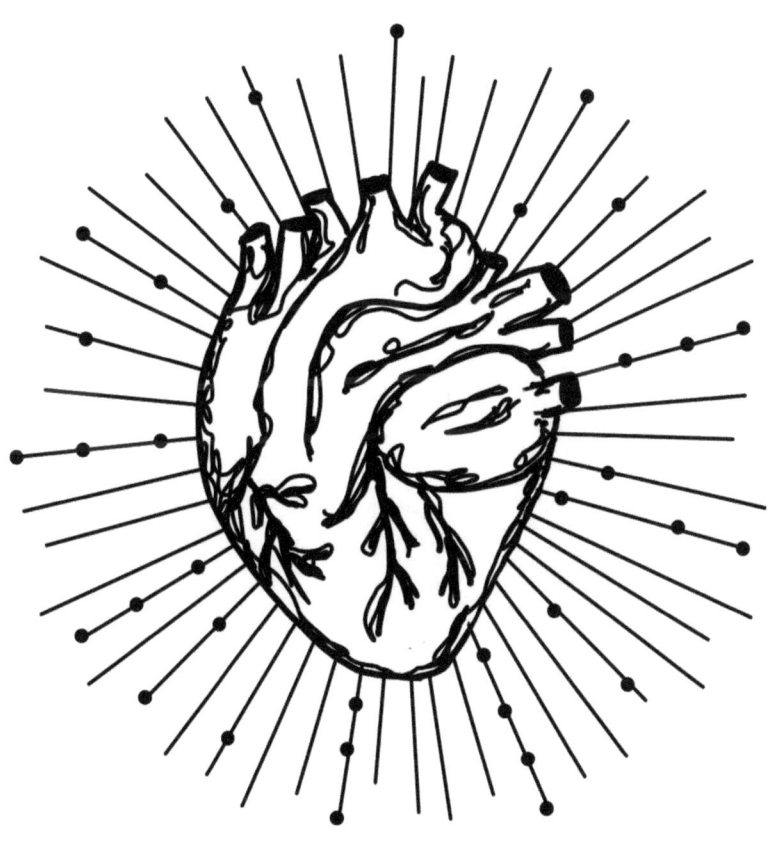

Frei sein

Einmal im Leben
Da möchte ich so sein
So sein wie ein Vogel
So leicht und so frei

Dann wäre ich nicht gefesselt
An Geld und an Sorgen
Ich könnte stets fliegen
In ein neues Morgen

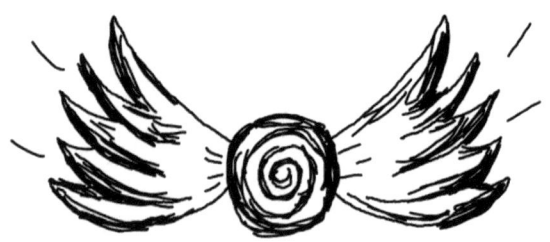

Lass uns sein

Lass uns auf den Wolken reiten
Wie Matrosen auf hoher See

Lass uns auf die Welt hinunterschauen
Wie eine große Vogelschar

Lass uns in uns selbst verlieren
Wie in Trance immer wieder

Lass uns die Welt bestaunen
Wie ein Menschenkind den ersten Schnee

Lass uns durch die Meere laufen
Wie ein Jaguar auf Jagd

Lass uns durch die gesamte Welt fallen
Wie ein Fallschirmspringer im freien Flug

Lass uns abtauchen in die Welt der Fantasie
Wie ein Goldtaucher in Alaska

Lass uns so sein
Wie wir es schon immer sein wollten

Nur wenige

Ich kenne so viele Menschen
Doch nur wenige berühren mein Herz,
Noch weniger verstehen meinen Schmerz
Und nur eine Hand voll weiß,
Wie man die Dunkelheit
Von meiner Seele pustet.

Hin- und Hergerissen

Manchmal,
Da kann ich es nicht glauben,
Dass es Menschen gibt,
Denen ich das Wichtigste bin,
Sie nehmen all meine Macken hin
Und beginnen mich zu lieben.

Es fühlt sich an,
Als wäre ich in einem Traum gefangen,
Gab es doch schon viele Menschen,
Die mich nicht wollten
Und sind von mir fortgegangen.

Sie waren nicht die Richtigen,
Das ist mir schon klar,
Doch das Gefühl ist trotz allem
Immer noch da.

Suche

In meinem Leben
Gab es nur selten einen Platz,
An dem ich mich aufgehoben fühlte.
War wie ein Schwarm Vögel
Auf der Suche
Nach einem Ort,
An dem fast immer
Die Sonne strahlte.

Und dann kam ich dort an,
Spürte vom ersten Augenblick,
Dass hier endlich
Mein Zuhause sein kann.

Nächtlicher Tanz

Und sie tanzte
Als wäre die Welt in ihren Beinen
Das Feuer in ihren Adern
Der Himmel in ihrem Kopf

Abend

Der Wind flirrt um die Ohren
Das Herz rauscht in der Brust
Ein Lächeln kitzelt an meinen Lippen
Wie ein nächtlicher Kuss

Um mich herum die Menschen
Die mir am wichtigsten sind
Während ich durch den Himmel fliege
Wie damals als Kind

Blumenfeld

Es ist
Als läge ich in einem Feld voll Blumen
In dem ich von den anderen lernen
Und wachsen kann

Risse aus purem Gold

Und sie betrat meine Welt unerwartet
Doch für mich war es,
Als hätte ich darauf gewartet
Mich zu einem Teil der ihrer zu machen
Erhellte mein Leben mit lieblichen Lachen

Wir waren klein und wollten hoch hinaus
Führten eine Freundschaft voll saus und braus
Doch nicht nur Freude war,
was wir miteinander teilten
Sondern wir halfen uns stets dabei,
Dass unsere Wunden heilten

Kein Geheimnis blieb unerkannt,
Trafen nie auf eine gefühlslose Wand
Zusammen konnten wir jubeln,
weinen und lachen
Zusammen dachten wir
Über die seltsamsten Sachen

Für unser Leben brauchten wir nie
Ein Glas voll Wein
Denn zusammen ertragen wir das Leben
Auch Mit nüchtern sein

Und wenn sie mal zerbricht
In Splitter tausend kleine
Werde ich sie sammeln, weil ich meine
Dass ich sie reparieren kann
Und das mache ich so schnell ich kann
Wenn es sein muss
Nutze ich meine ganze Lebenszeit,
Um zu heilen ihre Zerbrochenheit

Ich fülle die Lücken mit purem Gold
Denn das ist, was ihr mein Innerstes zollt
All ihre Risse machen sie zu dem, der sie ist
Ohne sie wäre das Leben nur allzu trist
Für sie reise ich durch die ganze Welt
Wandre durch die Wüste und über jedes Feld
Schipper danach über alle Meere
Kein Hindernis kommt dabei mir in die Quere

Ja sie ist ein Teil von meinem Herz
Würde sie fehlen so spürte ich den Schmerz
Der durch ihre Abwesenheit entsteht
Und wahrscheinlich niemals vergeht.

Ein jeder soll wissen und das ist klar
Ein Mensch wie sie ist so unfassbar
So wunderbar, so einzigartig ja
Sie ist wie ein Reservoir
Voll Liebe, Freude und Wahrheit
Mit ihr sehe ich die Klarheit
Der Dinge, die ich manchmal
Nicht zu sehen versuche
Sie liest in mir wie in einem Buche

Ich liebe sie auf meine eigene Art
Nicht so als wären wir verpaart
Nein ich liebe sie mit meiner Seele
Sie ist diejenige die ich wähle
Zu sein ein Teil von meiner Welt
Weil meine Welt mir mit ihr
Einfach besser gefällt.

Wenn die Welt
in goldenem Licht versinkt

Es sind die letzten Minuten vor Unterrichtsschluss. Die anderen im Raum sind schon dabei all ihre Sachen zusammenzupacken. Sie können das Ende kaum erwarten, sind ungeduldig und unruhig. Aber all das stört mich nicht. Ich bin schon seit einer Weile in meinen eigenen Gedanken versunken.

Es ist der letzte Schultag vor den Sommerferien und ein Blick nach draußen verrät mir, dass es sehr warm werden wird. Wir haben die Fenster offen und der Wind lässt die Rollos sanft flattern und gegeneinanderstoßen. Sie tauchen den Raum in ein sanftes grün - nur an manchen Stellen kommt das orange-gold der späten Nachmittagssonne hindurch. Ab und zu erreicht mich an meinem Fensterplatz eine leichte Brise, bei der ich immer die Augen schließe und ihr mein Gesicht entgegenstrecke.

Es klingelt und alle stehen wie aufgescheuchte Tiere auf und verschwinden so schnell wie möglich aus dem Raum. Selbst unsere Lehrerin ist schneller verschwunden als ich schauen kann. Ich selbst packe meine Sachen in Ruhe ein und stehe dann auf, ziehe die Rollos beiseite. Mein Blick fällt auf den leeren Klassenraum zurück, der in die Farben der Sonne eingetaucht ist. Das Braun der Stühle und Tische wird nun golden und ich seufze auf. Warum überkommt mich nur immer dieses Gefühl von Sehnsucht, wenn sich die Sonne mit genau diesem Licht in Räumen ausbreitet?

Es ist als würde mein Herz vor Freude zerspringen.

Ich entdecke ein zusammengeknülltes Stück Papier auf dem Boden und hebe es auf. Vorsichtig falte ich es auseinander und eine sorgfältige Schrift blickt mir entgegen. Es steht ein Name darauf, mit kleinen Herzen verziert. Eine Sommerliebe, so wie das aussieht. Lächelnd falte ich den Zettel wieder zusammen, stecke ihn in die hintere rechte Tasche meiner Shorts und gehe Richtung Tür. Ich schaue nochmal zurück, ehe ich mir meine Kopfhörer ins Ohr stecke und das Schulhaus verlasse.

Am Hintereingang steht mein Fahrrad. Ein einfaches Schwarzes, was mir mein Vater vor einem Jahr aufbereitet und geschenkt hat.

Ich mache das Fahrradschloss los und radle nach Hause. Meine roten Haare wehen im Wind wie flackernde Flammen und umspielen mein Gesicht. Die Menschen wirken heute so viel glücklicher, so viel leichter. Die Spätnachmittag´s-Sonne verzaubert einfach jeden, egal ob man es will oder nicht.

Ich mache einen kleinen Abstecher durch den Stadtpark. Das Licht fällt nur vereinzelt durch das Blätterdach und tanzt langsam auf den Wegen und Wiesen. Vögel zwitschern und sausen durch die Lüfte, Kinder spielen auf den Wiesen und man hört ihr freudiges Lachen, die Eltern sitzen daneben und unterhalten sich.

Mir kommen ein paar joggende Menschen entgegen und auf den Bänken küssen sich Paare. Alles ist leicht heute. So viel leichter und strahlender.

In meinem Herzen breitet sich eine sehnsuchtsvolle Schwere aus und eine kleine Träne stiehlt sich auf mein Gesicht. Am liebsten würde ich diesen Tag, dieses Licht und all diese Emotionen in mich einsaugen und sie tief im Herzen aufbewahren, wenn mich mal wieder ein schwerer Tag erreicht.

Wieder in der Stadt angekommen sehe ich die Leute auf den Bürgersteigen, die sich freudig grüßen und an kleinen Ständen nach den neusten Angeboten schauen. Ich sehe andere Jugendliche, die sich in die Arme fallen oder sich auf die Schultern klopfen. Sie lachen gemeinsam und ihre Gesichter lodern vor Glück.

Als ich an den Kleingärten vorbeikomme rieche ich Grillkohle und etwas Chlor. Ich höre das Plätschern von Pools und das Klirren von Flaschen. Irgendwo hat auch der erste eine Feuertonne angemacht, deren Rauch zum Himmel hinauf wabert.

Ich erreiche unser Haus und steige vom Fahrrad ab, schiebe unser Eisentor auf und gehe zum Eingang. Mein Fahrrad stelle ich daneben ab und gehe dann nach drinnen. Die Luft ist hier so viel Kühler und ich atme auf. Auch hier verteilen sich Lichtformen in den Räumen, die Holztreppe hinauf, auf Boden und Regalen. Ich hole meinen Skizzenblock und eine Decke aus meinem Zimmer und gehe in die Küche, nehme mir dort einen kühlen Saft aus dem Kühlschrank, ehe ich durch die Schiebetür hinaus in unseren Garten gehe. Ich breite meine Decke unter unserem großen Apfelbaum aus und setze mich im Schneidersitz darauf, greife nach meinem Skizzenblock und beginne die Menschen und Orte des Tages auf Papier festzuhalten.

Manchmal kann ich es nicht glauben, was dieses späte Sonnenlicht in uns auslöst und wie es die Welt, die ich kenne, durch eine andere austauscht.

Die Sonne löst in mir Gefühle aus, wie es nur ein starker Regenschauer mit Blitz und Donner oder ein sanfter Schneefall schafft.

Ich verliere mich in Glücksgefühlen und im Kratzen meines Bleistiftes auf dem Papier, in der Musik und im lieblichen Licht.

Küchengespräche

Und so sitzen wir
In unserem Gesprächsrevier
Mit nassen Wangen
Und lachenden Mündern
Versuchen wir die Traurigkeit auszuplündern
Versuchen in die Freude abzuschweifen
Kann meine Vergangenheit
Immer noch nicht greifen.
Wusste nicht wohin mit mir
Wollte nicht in Einsamkeit leiden
Drum schrieb ich dir
Und nun sitzen wir hier
Bis ich sorglos einschlafen kann

Deine Splitter

Verliebe dich in dein Mosaik
und du wirst sehen, wie deine Splitter
die ganze Welt zum Schimmern bringen

Freundschaft

Zum ersten Mal in meinem Leben
Gibt es so viele Menschen
Die mich wirklich lieben.
Sie lassen mich wissen,
Dass ich wertvoll bin.
~

Das Glück strömt durch meine Adern
Erfüllt mein Innerstes mit Leben
Bin im Jetzt und Hier
Von so vielen Menschen umgeben.
Sie sind mein Anker,
Meine Liebe und Freude.
Ein Teil von mir selbst
Gestern, morgen und heute.
~

Meine Schritte sind leicht
Der Kopf ist leer
Der Druck auf meinen Schultern
Ist nicht mehr so schwer.
So viele Freunde
Helfen mir beim Tragen
Ich brauche sie nicht mal
Um Hilfe fragen.

Danksagung

Jetzt sitze ich hier und blick auf all die Gedichte, die sich über zwei Jahre hinweg angesammelt haben. All die Gedanken, Geschichten und Menschen, festgehalten in Worten, die nicht immer so sind, wie ein Liebesroman. Aber die Realität ist nie nur Freude, Glück und Liebe.
In dieser Zeit ist so viel passiert und mehr als ein Dutzend Menschen haben mich bei der Entstehung dieses Werkes begleitet, inspiriert und motiviert weiterzumachen.

Allem voran meine Familie und vor allem meine Mama, die sich noch so müde meine Gedichte angehört hat und mit der ich mich danach in stundenlangen Gesprächen wiedergefunden habe. Wir sind stets gemeinsam den Gedanken auf den Grund gegangen, die mich oder die Menschen um mich herum belastet haben.
Meinem Papa danke ich für die Dichter-Gene, die er an mich weitergegeben hat und dass er mir gezeigt hat, wie man aus kleinen Worten große Geschichten erschafft.
Durch meinen Bruder habe ich gelernt, auf die kleinen Dinge um mich herum zu achten, jeden Augenblick zu genießen und selbst im größten Lebenssturm Ruhe zu bewahren. Danke Bruderherz für alles!
Nach dem ersten Abnicken durch meine Mama gingen die Gedichte direkt an Philip weiter, der seiner Meinung nach nicht viel von Poesie versteht, aber doch meistens sehr

gute Verbesserungsvorschläge gegeben hat. Auch bin ich ihm dankbar dafür, dass er mich immer gewarnt hat, wenn ich während der Autofahrt (als Beifahrerin) einen Inspirationsschub bekommen habe. Leider tendiere ich schnell zu Übelkeit, wenn ich mich nicht alleinig auf die Fahrt konzentriere und er war immer überrascht, wenn mir dann nach einer halben Stunde intensivem Schreiben ausnahmsweise Mal nicht schlecht war.

Ein riesiges Dankeschön und eine endlos lange Umarmung gehen an Antonia (du darfst dir gerne das Buch gegen deine Brust drücken, wenn du möchtest). Sie ist meine beste Lektorin und ihre erhofften kritischen Kommentare waren mehr Komplimente als Tadel. Schon acht Jahre lang ist sie ein Teil meines Lebens und von Tag zu Tag verwurzelt sie sich mehr in meinem Herzen. Ihr Schreibstil und ihre Ideen sind für mich eine große Inspiration und ich freue mich darauf, meine Werke neben ihren stehen zu sehen.

Dankbar bin ich auch für meine beiden Mitbewohner, die mir in vielerlei Hinsicht eine Stütze waren. Wir hatten unzählige Gespräche, die erst nach Stunden und teils nur der Müdigkeit wegen ihr Ende fanden. Robert hat mir in einem meiner Tiefs aufgezeigt, dass Schreiben mein Ziel im Leben ist. Etwas wofür es sich lohnt, tagtäglich aufzustehen und wofür ich kämpfen soll. Zu diesem Zeitpunkt war es genau das, was ich hören musste und schon am nächsten Tag habe ich mich früh morgens an den Rechner gesetzt und geschrieben.

Mit Richard habe ich mittlerweile einen Punkt erreicht, wo Small-Talk nur noch Trugbild ist. Durch seine Gedanken und Fragen regt er mich immer wieder aufs Neue zum Reflektieren über mich und den Sinn des Lebens an. Mich hat es überrascht, wie er vor allem den Rhythmus oder Metaphern gelobt hat. Auch bringen mich seine Kommentare über meine zu meiner Persönlichkeit gegensätzlichen Gedichte immer wieder zum Lächeln.

Ein inniges Danke auch an Johannes, Felix und Jennifer. Durch eure Texte, euren Wortschatz und eure geistige Ideenwerkstatt seid ihr mir tagtäglich eine Inspiration. In nahezu jedem Gespräch entwickeln sich neue Ideen und wir wären wahrscheinlich steinreich, wenn wir alle davon umgesetzt hätten. Gut, dass wir sie sammeln. Bestimmt wird irgendwann mindestens eine davon Wirklichkeit.

Ich bin euch nicht nur dankbar für eure Inspiration, sondern auch für das Vertrauen, was ihr mir gebt. Das Gefühl von Sicherheit und Geborgenheit und für all die verrückten Gespräche, die ich bisher mit euch führen konnte.

Ich danke auch Abby, das hundischste Familienmitglied, dass wir haben. Durch sie hatte ich stets einen Ausgleich an schlechten Tagen und niemand freut sich so sehr, wie sie, mich zu sehen (wenn nicht gerade Philip mit dabei ist, weil dann bin ich irrelevant).

Vielleicht kann ihr jemand ein Leckerli geben oder eine lange Streicheleinheit.

Zuletzt danke ich all den wundervollen Menschen, die in mein Leben getreten sind und mir dabei geholfen haben, meinen eigenen Wert zu erkennen. Nie habe ich mich so geliebt gefühlt, wie in dieser Zeit. Danke, dass ihr für mich da seid, mir zuhört, mit mir Zeit verbringt und mir Umarmungen schenkt. Danke, dass ihr meine Gedichte lest, mir Feedback gebt und mich motiviert weiterzumachen.

Somit danke ich auch allen Lesern und Leserinnen, dass ihr euch meinen Worten gewidmet habt.

Fühlt euch alle herzlich gedrückt!